CÓMO ANALIZAR A LAS PERSONAS

DESCUBRE EL CÓDIGO ENCUBIERTO PARA LA MANIPULACIÓN PROHIBIDA, Y EL CONTROL MENTAL MEDIANTE LA PERSUASIÓN SUBLIMINAL, LA NLP Y EL SIGNIFICADO OCULTO DEL LENGUAJE CORPORAL

LITA GORDILLO

ÍNDICE

información contenida en este documento, incluidos, entre otros, - errores, omisiones o inexactitudes.

INTRODUCCIÓN

En este libro se presentan las técnicas para el análisis de las personas mi querido amigo lector, así que en su lectura aprenderás a cómo saber qué tipo de personalidad tiene una persona.

Para ello, estaré hablando acerca de las 8 personalidades según el médico psiquiatra, psicólogo y ensayista suizo, el doctor Carl Gustav Jung, pionero en el estudio de las distintas personalidades del ser humana y un gran estudioso de la psicología profunda.

También conocerás canales de la comunicación o del lenguaje no verbal, las cuales son 7. Además, las 6 emociones básicas de toda persona. El significado de la expresión corporal, hablare del rostro y las micro-expresiones que este presenta.

El tema de las microexpresiones es un tema que sin duda va a ayudarte mucho en el análisis de otras personas ya que por medio de aprender a detectar las microexpresiones, podrás conocer las verdaderas intenciones de una persona.

Por ejemplo, hay personas a las que se les da una noticia de cualquier índole y por dentro tienen ganas de reír, pero sin embargo no lo hacen porque saben que es algo que no pueden demostrar. No obstante, si te fijas bien en su rostro al darle la noticia podrás ver que en menos de un segundo hubo una pequeña expresión o movimiento en los músculos del rostro de la persona.

Esto sucede precisamente porque las microexpresiones son impulsos incontrolables, o movimientos de los músculos del rostro que no se pueden controlar. Son innatos.

Por otro lado, también mencionare los gestos y las posturas de una persona. Muchas veces los gestos pueden decir mucho más que mil palabras en una sola acción. Imagino que sabes de lo que hablo y hasta lo has visto.

Por ejemplo, cuando estás hablando con alguien y le refieres acerca de algo, y esa persona se encoge de brazos, o sea sube los hombros. Es evidente que puede estar diciendo dos cosas, la primera, que no le importa lo que dices, o la segunda, que no tiene idea de lo que estás hablando.

De allí, que es importante entonces el estudio del lenguaje corporal o de la comunicación no verbal para saber que está queriendo decir una persona.

Además, estaré tocando temas como la morfopsicología la cual es considerada una pseudociencia hasta el momento, pero en si considero que tiene muy buenos aportes y técnicas para el análisis de las personas. Y el tema de la grafología.

Así que comencemos estimado lector.

LOS 8 TIPOS DE PERSONALIDADES SEGÚN JUNG

*C*arl Jung, en su majestuosa obra publicada incluyo 8 tipos de personalidades que durante todo su tiempo de estudio pudo ir definiendo una a una. Según Jung, existen 8 tipos de personalidades de las cuales quiero hablarte en este capítulo.

Es cierto que todos somos únicos como personas, pero en cierta forma es posible que nuestra personalidad se parezca a la de otras personas, es por eso que Jung logro agruparlas en 8 tipos.

Si quieres saber técnicas que puedes usar para conocer a las personas, lo primero que deberías tener en cuenta es saber ¿qué tipo de persona es? Y si en caso de que no logres saberlo del todo, pues al menos sepas que rasgos de personalidad debes buscar notar en esa persona, para así de esa manera acercarte a lo que realmente es.

Unas veces es más fácil que otras, el saber que personalidad tiene una persona a simple vista, porque desde el momento en que comienzan a hablar ya puedes ir viendo que personalidad presenta esa persona.

Sin embargo, habrá momentos en que vas a sentir como una especie de confusión, tal vez porque la persona en un momento se muestra de una forma y en otro de otra. Posiblemente lo que esté sucediendo es que te encuentras frente a la realidad de que siempre como seres humanos que somos, tenemos de todo un poco.

Lo cierto es, que siempre hay algo que es prominente en cada uno de nosotros, por ejemplo, yo puedo usar ambas manos para muchas cosas, pero solo puedo usar la izquierda para comer.

Así también pasa a veces con el tipo de personalidad que tenemos. Más adelante en otro capítulo vas a entender mucho mejor lo que estoy diciendo. Ya que verás que podemos ser introvertidos y extrovertidos a la vez en algunos casos.

Por ahora, enfoquémonos en el estudio de estas 8 personalidades que refiere el médico psiquiatra, psicólogo y ensayista Carl Jung.

¿Por qué Considerar a Jung como referente en este campo?

Carl Gustav Jung, fue un conocido médico psiquiatra, psicólogo y ensayista de Suiza. Jung nació en Kesswil, cantón de Turgovia, Suiza, el 26 de julio del año 1875.

Fue una figura clave en la etapa inicial del psicoanálisis y posteriormente, fundó la escuela de psicología analítica, conocida también como psicología de los complejos y psicología profunda.

Fue educado en la universidad de Basilea, alumno de Pierre Janet en los años 1902 y 1903.

Es conocido por su amplia investigación e influencia en los temas de psicología como: Yo, complejo, arquetipo, inconsciente colectivo, libido, individuación, introversión, extraversión, psicología analítica y sincronicidad.

Por otro lado, cabe destacar que Jung, fue miembro de Miembro de ciertas organizaciones y grupos tales como:

- Zofingia
- La Academia Alemana de las Ciencias Naturales Leopoldina
- El Círculo Eranos
- C.G. Jung-Institut Zürich

Además, Jung fue uno de los que estudió la psicología profunda, en una manera muchísimo más amplia, que cualquier otro estudioso. Lo que hace que sus contribuciones acerca de estos temas, hoy en día tengan tanta relevancia y sean tomadas en cuenta por estudiantes, grupos, universidades y muchos psicólogos de la actualidad.

Por otro lado, sus contribuciones en el análisis de los sueños fueron muy extensas y altamente influyentes, inclusive lo siguen siendo en la actualidad como es de notar.

También, Jung fue escritor de una prolífica obra como comencé diciendo en este capítulo. De manera que, Carl Gustav Jung, dedicó la mayor parte de su vida al estudio y la formulación de teorías psicológicas y centro su trabajo, además, en la práctica clínica.

Además de todo eso, incursionó en distintos campos como, por ejemplo: El estudio comparativo de las religiones, la sociología, la filosofía y la crítica del arte y la literatura.

El increíble Carl Gustav Jung falleció en cantón de Zúrich, el 6 de junio del año 1961.

Sin duda un gran amante del conocimiento, un excelente médico psiquiatra de su época, psicólogo y ensayista que dejó un legado muy bueno para estás ramas de la salud. Es por ello, que es de entender que se pueda tomar muy en cuenta la gran cantidad de estudios y teorías que realizó a la hora de abordar este tema.

Considero y no solo yo, que Jung es uno de los estudiosos que más certeza obtuvo en sus teorías acerca de la personalidad de los seres humanos. Y debe ser tomado en cuenta a la hora de quieres aprender a percibir la personalidad de alguien.

Para ello, toma en cuenta cada una de los 8 tipos de personalidades que voy a desglosar en este momento, incluso te vas a poder identificar con alguna de ellas, estoy segura de que así será y también es probable que algunas cosas terminen sorprendiéndote querido lector.

Personalidad #1: Pensamiento introvertido

Las personas introvertidas tienen una actitud típica caracterizada por tener una concentración en el interés de sus propios procesos internos. Es decir, son más centrados en sí mismos.

Generalmente se interesan principalmente por sus pensamientos y sentimientos, es decir, se enfocan en su mundo interior y tienden a ser profundamente introspectivos. Son personas calladas básicamente, de pocas palabras.

Según Jung, en su introvertido pensamiento estas personas suelen formularse preguntas muy a menudo, y siempre tratan de comprender su propio ser.

Y para lograrlo deciden apartarse al reino de sus ideas.

Personalidad #2: Sentimental introvertido

Dado a que este tipo de personas se caracteriza por tener una actitud de plena concentración en ellos mismos y que siempre están en la búsqueda de conocerse a sí mismos lo más posible.

Este tipo de personas son inaccesibles al resto de la gente. Debido a al introvertido sentimiento que presentan. Sin embargo, pueden dar una impresión de autonomía y armonía.

Además de eso, son personas que suelen ser apasionados por la música y la poesía.

Y son muy reservados respecto a sus sentimientos, prefieren con comentar mucho acerca de lo que sienten.

Personalidad #3: Sensación-introvertido

Personas con este tipo de personalidad se distinguen por ser personas, que suelen nutrirse de distintas impresiones sensoriales según declara Jung en su majestuosa obra acerca de los 8 tipos de personalidad.

Menciona también que, este tipo de personas, viven inmersos en sus sensaciones internas. Y comúnmente son modestos y muy callados.

Son capaces de preferir que puedan pasar desapercibidos si fuera posible y no tendrían ningún problema con ello.

Personalidad #4: Intuitivo-introvertido

Este tipo de personalidad la presentan personas que

se caracterizan por ser muy soñadoras y que viven entregadas a sus visiones internas.

Su intuición hace que se empeñen en transmitir una experiencia esotérica muy particular.

Por ello viven en plena concentración de su yo interno, porque desean perseguir sus visiones internas.

Personalidad #5: Pensamiento extrovertido

Aunque es cierto que nadie es completamente introvertido, ni tampoco absolutamente extrovertido.

Las personas extrovertidas, a diferencia de las introvertidas, presentan una actitud típica caracterizada por tener una concentración más en el interés externo. Lo que quiere decir que, una persona extrovertida se interesa más por el mundo exterior de la gente y tratan de ser mucho más sociables. Estando al tanto de las cosas que pasan en su entorno.

Una persona con un pensamiento extrovertido se rige por principios fijos y por sus reglas, tanto a sí misma, como a los demás. Y se interesan más por la realidad que por hechos materiales.

De hecho, yo misma, soy una persona que tiene mucho de extrovertida ¿y tú mi estimado lector?

Personalidad #6: Sentimental-extrovertido

Como este tipo de personas se interesan más por su entorno, pueden entonces adaptarse a su época y su medio.

Además, son personas convencionales, volubles y que pueden adaptarse incluso a las modas del momento.

Se caracterizan por estar muy interesados en su éxito personal y social. Por lo que, constantemente trabajan en ello.

Personalidad #7: Sensación-extrovertido

Esta personalidad a diferencia de la personalidad de un extrovertido, se evidencia en personas que se interesan más por los fenómenos externos, que por las sensaciones internas.

Lo que hace que sean personas muy prácticas y empecinadas. Además, tienen la capacidad de aceptar el mundo tal cual como es.

Personalidad #8: Intuición-extrovertido

En este punto me identifico mucho como persona, porque sin duda este punto es netamente parte de mi personalidad.

Las personas que tienen una intuición extrovertida, tienen cierto 'olfato' para cualquier nuevo evento o novedad.

Regularmente me sucede que parece que ya sé lo que puede estar pasando. O lo que va a pasar. No siempre atino, pero muchas veces sí y solo es algo con lo que se nace.

Por otro lado, este tipo de personas tienen la capacidad de solucionar problemas y disputas. Y, además, generalmente son líderes carismáticos.

Por lo tanto, si quieres analizar qué tipo de personalidad tiene una persona, fíjate bien en cada descripción que te he dado en este capítulo. Sé que te ayudarán mucho.

¿Te identificas con alguno de estos 8 tipos de personalidad? ¿Eres una persona introvertida o extrovertida? Sería muy bueno que lo sepas. ¡Descúbrelo!

2

EL LENGUAJE NO VERBAL

Siguiendo la línea de lo que te he venido diciendo en el capítulo anterior, mi estimado amigo lector, otra cosa en la que puedes fijarte para analizar a las personas, es en su lenguaje no verbal. Ya que todos de manera general, siempre estamos diciendo muchas cosas sin necesidad de tener que llegar a abrir la boca.

En este sentido, digo esto, porque está comprobado que la comunicación no se hace, únicamente a través del habla, también existe el lenguaje no verbal. Y es precisamente de ese punto del que voy a hablar en esta ocasión.

Estudios han comprobado que tan solo el 7% de la comunicación es verbal, el otro 93% que resta, pertenece al lenguaje o a la comunicación que no es verbal. Imagínate lo grandioso de esto.

Sin embargo, existe un grupo de personas que no están de acuerdo con esas liberaciones acerca de la comunicación, ya que pregonan que claramente, es muy evidente que sea común que haya palabras que convencen y que venden, por decirlo de algún modo.

Por ejemplo, hay personas que tienen la capacidad de convencer a otros acerca del producto que comercializan y de hecho lo hacen muy bien, en forma tal que la gente le compra el producto que venden. Además, también esto aplica muchas veces en relaciones interpersonales donde se trata de conquistar la atención de una persona, en el sentido de que establecen una conversación tan fluida que en cierta manera ocasiona un tipo de encanto entre ambos y da como resultado que las dos personas se sientan muy bien juntas.

Por razones como estas, existe una cantidad de personas que creen que ese porcentaje está mal, o que está invertido.

Ahora bien, indudablemente se deja evidenciar la influencia que tiene el lenguaje del cuerpo en nuestras habilidades sociales, además de que es un excelente espejo de nuestras emociones que son reales.

Lo que quiero decir es que, tu cuerpo puede comunicar lo que estás sintiendo, y no quieres expresarlo con palabras.

Por otro lado, existen personas que suelen tener un gran carisma sin ser especialmente personas que hablan mucho. De modo que, con solamente verlas, ya se puede notar que trasmiten una confianza y mucha calidez por la expresión corporal que tienen.

Además de eso, tal vez conozcas a personas que, a pesar de no ser desagradables o antipáticas, tienden a generar cierta desconfianza. Y esto es algo que inclusive, muchas veces no podemos, o no sabemos de qué manera explicarlo, pero lo cierto es que su lenguaje corporal lo demuestra.

¿Qué es?

El lenguaje no verbal, en un concepto sencillo, es básicamente una forma de comunicarse, donde se utilizan los gestos, las posturas, los movimientos del rostro y del cuerpo, con el fin de transmitir una información, o de dar un mensaje, acerca de las emociones y los pensamientos del emisor.

Generalmente el lenguaje no verbal se realiza a nivel inconsciente y de forma habitual indicando en una manera clara, el estado emocional de las personas. Sin embargo, el cuerpo cuenta con un idioma que puede sufrir cambios, debido a muchos factores, tanto ambientales como internos del sujeto. Los cuales podrían influir sobre esta forma de comunicación o lenguaje. Por lo tanto, no se debería tomar como una verdad absoluta o infalible.

Por ejemplo, alguien puede parecer que está triste, pero resulta que solo se siente enfermo y tiene un malestar. Y por eso sus ojos están un poco hundidos tal vez.

Por lo tanto, no hay que sacar ningún tipo de conclusiones solamente tomando en cuenta o interpretando un único signo corporal de la persona. De manera que, se deberían observar un conjunto de signos que sean congruentes entre sí.

Otro ejemplo sobre esto sería que, una persona que se siente muy cansada y tome una postura en la que muestra una supuesta actitud de aburrimiento, no significa que así sea. Todo lo que esa persona tiene es que está cansado. Así que, no hay que juzgar inmediatamente con tan solo ver una actitud con alguien, primero piensa o pregúntate, ¿Será que está cansado o está aburrido? ¿Estará enfermo o está triste?

Canales del lenguaje no verbal

El lenguaje no verbal es expresado principalmente a través de 6 canales, que, aunados a las palabras, conforman la comunicación en sí. Acá debajo te los voy a dejar para que los conozcas:

Las expresiones faciales: Son uno de los indicadores emocionales más potentes, y donde primordialmente enfocamos nuestra atención al interactuar con otras personas. Nuestro cerebro puede decidir por sí solo, si nos gusta la cara de alguien o no. Lo que es un proceso donde no suele intervenir la razón. Y donde ni siquiera nos da tiempo de decir ni la mitad de una palabra.

En nuestro rostro se reflejan de forma innata las 6 emociones básicas, como son: la sorpresa, la alegría, la tristeza, el miedo, la ira, el desprecio y el asco.

Por lo que, si de verdad están en la búsqueda de saber diferencias estas emociones en las personas, es necesario que aprendas a distinguirlas para que así puedas dominar el lenguaje no verbal.

Los gestos: Con respecto a la gestualidad, esta tiene

que ver mucho con un componente cultural, aunque últimamente en las investigaciones hechas, se indaga acerca de que el origen genético también tiene que ver en los gestos.

Incluso por eso es que a veces alguien puede ver a un niño que tiene los mismos gestos que algún familiar cercano. Por ejemplo, expresiones de orgullo, de triunfo y de poder.

Hay gestos ilustradores, que son los que van de la mano con el discurso verbal y suceden en milésimas de segundo después de las palabras.

También están los gestos emblemáticos, que tienen su propio significado y no necesitan de palabras. Por otro lado, están los adaptadores, que son manipulaciones de nuestro cuerpo o de cualquier objeto para canalizar las emociones. Y los reguladores que con ellos dirigimos la interactuación. Y, por último, tenemos a los manifestadores de afecto que usamos para transmitir nuestros sentimientos.

Las posturas: Las posturas son las que expresan básicamente, el grado de interés y de apertura que tenemos hacia los demás. Esto va reflejado en la exposición del torso y en su orientación.

Por otro lado, son un importante indicador del

estado emociona de una persona y la predisposición que tiene a actuar. Las posturas expansivas muestran satisfacción y actividad en la persona. Mientras que posturas contraídas o de retracción están vinculadas con la negatividad y la pasividad de un individuo.

Además, la postura que muestra una persona, tiene una gran incidencia en su imagen personal, con la que puede transmitir o mostrar confianza, seguridad y estabilidad.

La apariencia: Esta es sin lugar a dudas uno de los canales más influyentes del lenguaje no verbal, desde siempre. El aspecto que tiene una persona puede hablarnos a simple vista de su edad, sexo, su origen, la cultura que tiene, su profesión, y hasta su condición social y económica.

Es por eso que la apariencia sigue siendo la principal fuente de información, invalidando estereotipos. Ya que la apariencia nos ayuda a formarnos una primera impresión de alguien.

Recuerda que la primera impresión es la más importante y es la que vale, hasta podría decir. Por lo tanto, no hay una segunda oportunidad para causar una buena primera impresión. Y otro factor importante de la apariencia es que puede tener parte en la persuasión, tomando en cuenta los uniformes de las autoridades, que hacen que les podamos identificar como agentes de seguridad, por ejemplo.

La proxémica: Este es el canal más directo que tiene el lenguaje no verbal, en el momento de querer mostrarnos más cercanos o más distantes. Se originó de la antropología y se refiere al uso del espacio que tenemos en medio de una interacción con alguien.

Si existe una relación íntima entre dos individuos, se alude que entre ellos haya una distancia al hablar de menos de 45 cm, mientras que, si solamente es una relación personal, sería aproximadamente entre 45 cm y 120 cm. En caso de que exista una relación meramente social entonces sería de más 120 cm y en caso de ser publica mucho más de 360 cm. Todos estos datos han sido estudiados por distintos autores.

Por otro lado, todas las personas tenemos nuestro propio espacio y es de saber entonces que hay que tener cuidado con respetar el espacio de los demás. Todo depende de la relación que tengas con la persona obviamente. Pero ¿te imaginas lo molesto que puede llegar a hacer que alguien que no conoce se te acerque a menos de 50 cm?

En algunas ocasiones me ha pasado que alguien se ha acercado mucho a mí, sin yo conocerle lo suficiente y mi reacción inmediata ha sido dar un paso hacia atrás.

Sin embargo, la proxémica trata de que, si quieres mostrarte cercano con alguien, acércate físicamente hacia esa persona. Pero recuerda, procura no causar incomodidad en la otra persona. Observa la reacción que tiene cuando te acerques.

El paralenguaje: Junto a las expresiones faciales, el paralenguaje es uno de los indicadores emocionales más fiable.

Ya que comprende el volumen, tono y velocidad de la voz. Revelando a su vez información importante, sobre todo cuando se intenta ocultar alguna información de cómo se siente la persona. A menudo, esto puede pasarle a una persona cuando habla por teléfono con una persona muy cercana, debido a que la persona le conoce, escucha su tono de voz y de inmediato puede ver que algo está ocurriendo.

Además, la voz es muy influyente en la credibilidad y la persuasión. Por ejemplo, las voces nasales, los tonos agudos y un volumen alto de la voz, tienen menos credibilidad ante el público. Además, no olvides querido lector que el silencio también comunica.

Seis emociones básicas

Con respecto a esas emociones básicas, que se reflejan en nuestro rostro de forma innata, tenemos las siguientes:

1. *Asco:* Esta es la emoción más desagradable de las 6. ¿te ha pasado alguna vez, que alguien con mal aliento te ha hablado muy cerca y has tenido que hacer un milagro, para no poner cara de asco? A mí sí, y es totalmente incómodo. No sabes que hacer.

2. *Miedo:* Es la emoción del peligro y de la amenaza. Al experimentar esta emoción nuestro cuerpo reacciona de forma intensa.

3. *Tristeza:* Esta es la emoción de la pena, del daño y de la perdida. ¿Quién no la ha sentido? Todos siempre sentimos esta emoción, a veces hasta sin querer.

4. *Sorpresa:* Es una emoción neutra y de brevedad. Neutra porque no produce un estado ni bueno, ni malo en nosotros. Y breve porque no dura mucho.

5. *Alegría:* Es la emoción del bienestar y la

sonrisa. Totalmente opuesta a la tristeza y conlleva una gran carga de energía. Además de que mejora el ánimo de una persona en gran manera.

6. *Ira:* Es una emoción que denota sentir enfado, rabia y hasta impotencia. También genera fuerza. Generalmente luego de sentir ira, somos capaces de sentir frustración.

3

ANÁLISIS DE LAS EXPRESIONES CORPORALES

*C*omo mencioné en el capítulo anterior estimado lector, acerca de los canales del lenguaje no verbal, lo cuales son 7 en número. Tanto ellos, como las expresiones corporales pueden llegar a decir mucho de una persona y de la personalidad que ésta tiene.

Analizar las expresiones corporales de las demás personas, te servirá de mucho a la hora de querer saber qué tipo de personas son. Sus expresiones pueden decir mucho acerca de ellos, ya que, por ejemplo, en el caso de una persona violenta, ésta tendrá constantes expresiones de batir sus manos al hablar, de una forma violenta como queriendo golpear, o hacer gestos en su rostro que muestren ira y violencia.

Por otro lado, las personas tímidas o introvertidas, tendrán otro tipo de expresiones corporales como cruzarse de brazos, bajar la cabeza, entre otras cosas.

Expresión corporal

La expresión corporal, es básicamente, una de las formas usadas por la comunicación o el lenguaje no verbal, que denota el uso de los gestos de la cara, el movimiento de la cabeza, las manos, los brazos y las piernas también.

Estas señales no verbales son utilizadas para comunicar información acerca de los sucesos externos. Se utilizan para hablar o expresarse una forma creativa.

Es visto como un modo de expresión universal, ya que sin importar el idioma que hable una persona, de igual manera puede comunicarse con otra, a través del lenguaje corporal con expresiones como la sonrisa, por ejemplo.

Existen varios tipos de sonrisa, los cuales pueden lograr una comunicación superficial en dos personas sin importar su idioma como dije antes. Se dice que la sonrisa es el lenguaje universal. Estos son tres tipos de sonrisas:

La sonrisa falsa: Se puede notar fijándose bien en el

lado izquierdo de la boca de la otra persona, dado a que cuando es falsa, ese lado suele elevarse más.

La sonrisa que es natural: Esta hace que se produzcan arrugas junto a los ojos, eleva las mejillas y baja en forma leve las cejas.

La sonrisa tensa: Hace ver que los labios están apretados, lo que dice, que la persona no desea compartir sus emociones. Y además de eso, es también una clara señal de rechazo.

Diferenciarlas te va a servir de mucho a la hora de conocer a una persona. Pues, así podrás ver si esa persona está siendo sincera contigo o no.

Por otro lado, la mirada también puede hablar. ¿Tienes hijos? Yo sí, cuando mi hija se está portando mal, todo lo que hago es darle una mirada de advertencia y de inmediato entiende el mensaje y deja de hacer lo que estaba haciendo. Tal vez tú también lo has hecho, o lo hicieron contigo tus padres, a mí también me hablaban mis padres con su mirada.

La comunicación no verbal mediante la mirada, es asociada con la dilatación o la contracción de la pupila, ya que, la pupila reacciona a los distintos estados internos que experimentamos.

Incluso, muchas veces el hecho de que haya falta de contacto visual, se puede llegar a interpretar como nerviosismo o timidez.

El rostro y las microexpresiones

Nuestro rostro es capaz de decir mil palabras, sin tener la necesidad de soltar ni siquiera una sola palabra.

¿Qué son las microexpresiones?

Las microexpresiones son esos movimientos involuntarios de los músculos del rostro de una persona y suelen ocurrir como una reacción ante una emoción.

Por lo que, aprender a ver esos movimientos involuntarios del rostro y detectarlos, puede ayudarte a identificar las actitudes y los sentimientos que tiene la persona sin necesidad de que llegue a notarlo.

Conocer esas microexpresiones puede ayudarte a ver también, si la persona te está diciendo alguna mentira. Y también, para conocerla mejor.

Las microexpresiones tiene una característica principal y es, que son totalmente involuntarias. Ninguna persona puede controlarlas. Además de ser pequeñas, son increíblemente de corta duración, la duración que tienen es menos de la vigésima parte de un segundo.

Por eso, son muy difíciles de notar. Sin embargo, no es imposible hacerlo, todo lo que se necesita es preparación en el tema para lograr verlas.

Se pueden notar filmando a la persona con una alta definición, pero no vas a ir por la vida filmando a una persona sin su consentimiento, por supuesto que no. Esta forma solo es usada por personas dedicadas a comprobar algo en específico, que tenga que ver con la justicia o un caso de fuerza mayor.

Uno de los pioneros de las microexpresiones es el científico estadunidense Paul Ekman, creador del Facial Action Coding System, el cual es un método que se utiliza para la clasificación de los movimientos que están asociados a los músculos del rostro.

El científico Ekman, tomó la decisión de agrupar los músculos en unidades de acción (clústers), para que fuese más fácil su clasificación. Sin embargo, por mucho que se diga que será "más fácil" es posible contar más de 10.000 combinaciones totalmente distintas.

7 microexpresiones que pueden delatar a una persona acerca de su personalidad

La microexpresión de la ira: Ésta se sitúa y concentra en la parte superior del rosto. Hace que la persona baje y junte sus cejas con el entrecejo fruncido. Además, la persona aprieta la boca, y los dientes. Y tiene una mirada penetrante y molesta.

Si ves esto en una persona, aun cuando intente disimular, ya podrás saber que por dentro está sintiendo ira.

La microexpresión del miedo: Esta es caracterizada por ver a la persona con los ojos muy abiertos, con las cejas tensas. Y suelen mirar alrededor en la búsqueda de poder visualizar una posible salida o escape.

La microexpresión de la alegría: Esta microexpresión se muestra con los ojos casi cerrados en la persona que se siente alegre y además le aparecen arrugas al lado de ambos ojos.

Es por ello, que es fácil ver cuando una persona está fingiendo sentir alegría, porque por más que este mostrando los dientes, esas expresiones que hacen notar una alegría real van a faltarle. De esa manera puedes darte cuenta.

La microexpresión del desprecio: Un científico de nombre John Gottman, tras hacer una investigación referente a esta microexpresión, se pudo comprobar si un matrimonio terminará en ruptura. Debido a que, si se percibe que entre la pareja es habitual el gesto de desprecio, entonces es muy probable que el matrimonio acabe pronto.

Se puede observar esta microexpresión en la boca, ya que quien la hace, tiende a subir una esquina de su boca y la otra, como formando una especie de sonrisa.

La microexpresión de la sorpresa: Esta microexpresión se puede ver en el rostro con la caracterización de una cejas levantadas y arqueadas, con los ojos bastante abiertos. Además, la persona con cara de sorpresa tiende a abrir su boca y soltar la mandíbula. Y generalmente se tapa la boca con las manos.

La microexpresión de la tristeza: Es una microexpresión que es complicada de fingir, ya que presenta unas cejas bajas que se juntan de forma sutil en el centro. Y es posible que la persona que esta triste hasta experimente cierto temblor en los labios.

Mucha gente que es manipuladora puede intentar hacer este tipo de expresión con el fin de conseguir manipularte. Cosa que no puedes permitir, por eso pon atención para descubrir si realmente la persona se siente triste o solo intenta manipular.

La microexpresión de el asco: Se puede identificar más fácilmente que las demás microexpresiones mencionadas. Esto se debe a que, toda la expresión se concentra en la boca y la nariz de la persona.

Dado a que la nariz tiende a arrugarse y el labio superior se eleva. Hasta dejando los dientes superiores a la vista. Además de esto, aparecen arrugas alrededor de la nariz y se elevan las mejillas, arrugándose los parpados inferiores.

Movimientos corporales

Los movimientos corporales son una cualidad que es humana y denotan una expresión de salud. Además, se encuentran ligados a la íntima comunión con nuestro cuerpo y con todas las posibilidades expresivas que tenemos como seres humanos.

Como dije al principio de este capítulo, puedes analizar a las personas por las expresiones corporales que esta tenga, dentro de esas expresiones están también los movimientos corporales.

La forma en que esa persona expresa mediante una

acción libre y creativa los movimientos de su cuerpo en un intercambio con el mundo físico y social, ofrece una referencia acerca de la personalidad que tiene.

Por lo tanto, puede fijarte en sus movimientos corporales principalmente para conocer cuál es la actitud que tiene la persona. La forma en como mueve la cabeza, las manos, los brazos y las piernas dejan mucho para estudiarla.

Gestos

Los gestos de las personas también juegan un papel fundamental en el lenguaje no verbal o la comunicación no verbal. Ya que los gestos son una forma de comunicación para nada vocal, en la que solo son usadas expresiones corporales. De las que ya he estado hablando anteriormente.

Ahora bien, los gestos son visibles y comunican mensajes determinados. La palabra gesto es procedente del latín "gestus" y como bien he dicho se usan para comunicar mensajes en conjunción con el habla.

Los gestos se pueden hacer tanto con las manos, la cara, la cabeza y más partes del cuerpo. Con el uso de los gestos se puede lograr la comunicación de una variedad considerable de pensamientos y sentimientos. Por ejemplo, desprecio y hostilidad o aprobación y afecto. Depende de lo que la persona desee transmitir.

Por otro lado, los gestos también pueden ser usados para sustituir las palabras en un momento dado. Ahora bien, para concluir este capítulo quiero nombrar 5 tipos de gestos, los cuales son:

1. Los gestos emblemáticos o emblemas.
2. Los gestos ilustrativos o ilustradores.
3. Los gestos que pueden expresar estados emotivos o patógrafos.
4. Los gestos reguladores de la interacción.
5. Los gestos de adaptación o que son adaptadores.

Muy bien, espero que todo lo hablado en este capítulo te sirva de mucho para aprender todas esas técnicas que se pueden usar para analizar a las personas.

Ahora, es momento de pasar al siguiente capítulo que también tiene mucha relación con este, así que sigamos avanzando.

LAS POSTURAS EN EL LENGUAJE NO VERBAL

*S*iguiendo la línea de lo dicho antes en el capítulo anterior, en este nuevo capítulo quiero hablarte sobre las posturas en el lenguaje no verbal. Dichas posturas son asumidas primeramente por una actitud de la persona.

Es decir, cuando una persona decide tomar una postura corporal que pretenda dar un mensaje comunicativo acerca de cómo se siente, o qué tipo de persona es. Lo que antecede a esas posturas adoptadas por la persona, son una serie de decisiones.

Por ejemplo, si te interesa conquistar a alguien es lógico que vas a tomar posturas que emitan ese mensaje de manera sutil, pero lo haces para atraer a la otra persona sin tener que pronunciar ni una sola palabra.

Por otro lado, de igual manera puedes analizar a las personas viendo las posturas que estas tienen constantemente. Muchas personas tienden a mostrar posturas como, por ejemplo, pararse con las piernas abiertas, llevando la pierna izquierda más adelante que la derecha ligeramente. Con la cabeza un tanto ladeada y una sonrisa sincera, y los brazos detrás mostrando una posición de autoridad. Lo que significa que una persona con una postura así, se siente satisfecho consigo mismo, está seguro de sí mismo y por ende tiene una autoconfianza sólida.

Otra postura muy usada es la de parecer estar meditando, esta se hace con las manos juntas, o con una sola mano, pero siempre tocándose la parte inferior del rostro. Ya sea la boca o la barbilla.

Más adelante nombrare esa y otras posturas que se pueden hacer con las manos para comunicar un mensaje no verbal.

Las posturas con los brazos

En este caso, los brazos, junto a las manos, son usados para la mayoría de movimientos que una persona realiza. Además, de que permiten defender ciertas zonas que son más vulnerables que otras en el cuerpo, por ejemplo, momentos en los que sientes inseguridad.

- *Cruzar los brazos:* Esta postura muestra por lo general desacuerdo y rechazo. Además de que también denota falta de confianza e inseguridad.
- *Cruzar un solo brazo por delante para sujetar el otro brazo:* Con esta postura se puede ver que hay una clara muestra en la persona que la adopta de falta de confianza en sí mismo y de que además siente la necesidad de ser abrazado.
- *Los brazos cruzados con los pulgares hacia arriba:* Sin duda esta postura demuestra la actitud defensiva de una persona orgullosa.
- *Tener las manos unidas por delante de los genitales:* Generalmente esta postura es adoptada o usada por los hombres y lo hacen porque les brinda seguridad en situaciones en las que experimentan cierta vulnerabilidad.
- *Tener las manos unidas por detrás de la espalda:* Es una postura que muestra confianza y ausencia de miedo en la persona. Cabe decir

que, esta postura puede ser muy útil ante situaciones de inseguridad para lograr intentar ganar confianza.

Las posturas con las piernas

De igual manera, las piernas juegan un papel muy importante e interesante en el lenguaje no verbal. Ya que, por el hecho de Estar lejos del sistema central, es decir, de nuestro cerebro. Por lo que, mientras más alejada del cerebro se encuentra una parte de nuestro cuerpo, habrá menos control sobre lo que está haciendo.

Estas son algunas posturas que se pueden hacer con las piernas.

- *Poner el pie adelantado:* Notablemente siempre los pies apuntan hacia donde una persona quisiera ir. En medio de una conversación entre varias personas, se puede notar si se presta atención en esto, como el pie de una de las personas apunta hacia la persona que considera más interesante o mucho más atractiva.
- *Las piernas cruzadas:* Esta es una postura que muestra en la persona que la usa, una actitud

defensiva y también cerrada, ya que se nota que protege los genitales. En el caso de que se trate de una mujer quien sea la que está tomando esa postura, esto podría comunicar rechazo sexual hacia el hombre que tiene en frente, por ejemplo. No obstante, cuando se trata de una situación social, en la que una persona está sentada con los brazos y las piernas cruzadas, es probable que se trate de que ya mentalmente se ha retirado de la conversación.

- *Postura sentada con una pierna elevada y apoyada en la otra:* Es muy común en los hombres, y muestra una actitud competitiva o que transmite que se está preparado para una discusión.

- *Las piernas muy separadas:* Comúnmente esta postura es muy usada por el sexo masculino, que tratan de transmitir cierta dominancia y que quieren marcar su territorio.

- *Postura sentada con las piernas enroscadas:* Más común en mujeres y puede que signifique cierta timidez e introversión en ellas.

- *Postura sentada con una pierna encima de la otra en paralelo:* En caso del sexo femenino, esta postura puede interpretarse como cortejo, porque se asume que es un intento de llamar la atención hacia las piernas. Y dado a que, en esta postura las piernas quedan presionadas, suelen dar un aspecto muy juvenil y hasta sensual.

Las posturas con la cabeza

En cierta forma, la posición de la cabeza lleva a dar a entender intenciones que son muy reales de las personas. Por ejemplo, como si te gusta alguien, o quieres cooperar en algo. También, por ejemplo, con la postura de la cabeza se puede saber si estamos frente a una persona que es altiva.

Incluso hasta puedes saber si alguien ha tomado cierta postura y lo está haciendo de algún modo solo para influenciarte. O sea, que puedes saber si está fingiendo.

- *Postura de levantar la cabeza con la barbilla hacia adelante:* Con esta postura, la persona claramente está mostrando un signo donde comunica expresamente agresividad y poder.
- *Asintiendo con la cabeza:* Es un gesto o postura que muestra sumisión en la persona y transmite sensaciones positivas, que además

comunican interés y acuerdo. Sin embargo, si notas que la persona lo está haciendo varias veces seguidas y rápidamente, de pronto sea que se trate de que está intentando decirte que ya ha escuchado suficiente.

- *Poner la cabeza de lado:* Es una postura que expresa una sumisión, dejando expuesta la garganta. En cierto modo, cuando se realiza al momento de estar escuchando a alguien, se logra aumentar la confianza del interlocutor asintiendo con la cabeza. Por otro lado, también se dice que las mujeres suelen emplear este gesto o postura con la intensión de mostrar un interés por un hombre.

- *Apoyando la cara sobre las manos:* En esta postura se tiene como fin el exponer la cara con el único objetivo de "mostrarla" al interlocutor. Demostrando de esa manera, una fuerte atracción por la otra persona.

- *Apoyo de la barbilla sobre la mano:* Con esta postura puede que estén sucediendo dos cosas en la persona, la primera es que tal vez está evaluando lo que dices. Para saberlo, puedes fijarte y ver si la palma de su mano está cerrada, de estarlo, entonces posiblemente te está evaluando con detenimiento. Y la segunda es que puede que este aburrida y haya perdido el interés en la conversación. Solo lo sabrás fijándote si su mano está abierta, si lo está, por favor intenta por todos los medios romper el hielo o guardar silencio.

Como has podido notar hasta este punto hay muchas formas y técnicas para analizar a las personas, todo radica en la atención que pongas en hacer ese análisis. Dependiendo de cuan dispuesto estés en querer conocer a esa persona vas a tener éxito o no.

Por otro lado, aprende a distinguir las diferentes posturas del lenguaje no verbal, para que se te haga mucho más fácil.

Hay algo que muy a menudo practico y es que cuando estoy en medio de una conversación con alguien, siempre que hablo estoy mirando constantemente a la persona, pero sobre todo observando las reacciones que tiene a lo que le estoy comentando. Si veo que se queda callada con cara de aburrimiento o alguna otra emoción negativa, solo guardo silencio y espero que esa persona retome la conversación.

Por lo tanto, fíjate bien en la otra persona cuando estés hablando con ella, mira que postura tiene en ese momento. Analiza cada cosa, pero hazlo de forma muy sutil.

Ahora hay que continuar avanzando hacia el próximo capítulo de este libro, donde hablaré acerca de la morfopsicología, ¿has oído esta palabra anteriormente? ¿Sabes lo que significa? Solo tú lo sabes mi estimado lector. Así que, continuemos entonces.

5

LA MORFOPSICOLOGÍA

*E*n el primer capítulo de este libro, hablé acerca de los 8 tipos de personalidades que estudio el psicólogo Carl Jung. Ahora en este nuevo capítulo quiero hablarte acerca de la morfopsicología, conocida como una pseudociencia, que brinda afirmaciones muy vagas acerca del estudio de la personalidad.

Intentando abordar las supuestas relaciones que existen entre las características morfológicas del rostro de una persona y el perfil psicológico de esta.

Por otro lado, este término proviene de una traducción de la palabra francesa "morphopsychologie" que el conocido psiquiatra Louis Corman, acuño en 1937, cuando escribió su primera obra sobre este tema, llamada Quinze leçons de morphopsychologie (Quince lecciones de morfopsicología).

Además, el psiquiatra Corman, fue el fundador de la Sociedad Francesa de Morfopsicología en 1980 y fue el creador y definidor de diversas leyes, en las cuales está incluida la ley de la dilatación-retracción. De la cual te quiero hablar en este capítulo, esta ley establece que: "Todo ser vivo está en interacción con su medio. Si las condiciones son favorables, las estructuras físicas y fisiológicas tienden a expandirse, en el caso contrario, ellas se reducen"

Dilatación-Retracción

Como ya mencioné está es una de las leyes que estableció el conocido psiquiatra Louis Corman en el año 1980, según la cual se define que: "Todo ser vivo está en interacción con su medio. Si las condiciones son favorables, las estructuras físicas y fisiológicas tienden a expandirse (dilatación), en el caso contrario, ellas se reducen (retracción)"

Lógicamente esto lo podemos ver incluso en el reino vegetal, observando la expansión de un árbol ante la presencia de un medio bastante favorable.

Y, por otro lado, vemos la retracción de este, ante un

medio negativo. Al mostrarse retorcido, maltrecho y pequeño.

No quiere decir esto, que podemos subestimar nunca, en ninguna manera a ningún ser vivo, debido a que, cabe la gran posibilidad de que el retraído puede ser el que este más preparado para las contrariedades de la vida que el ser vivo dilatado.

El cual, aunque con mucha fuerza inicial y por grande que sea, no estará tan habituado para luchar.

En otras palabras, la ley de la dilatación-retracción, es caracterizada por ser adaptable al medio.

Lo cual denota una plena exteriorización de tendencias que son netamente intuitivas y afectivas, como la sociabilidad, el humor alegre, la necesidad de estar en grupos, con una inteligencia que se adapta a lo útil y es dirigida a las realizaciones prácticas.

Conservación-Retraimiento

La Conservación-Retraimiento, es una manifestación totalmente opuesta a la expansiva, está básicamente es dada con una adaptación electiva ante un medio privilegiado.

Por otro lado, el retraimiento es visto o considerado

como un proceso de defensa, que actúa solamente ante la presencia de un medio nada conveniente.

A diferencia de las personas que son expansivas y son amigos de todo el mundo por así decirlo, además de que pueden dispersar su actividad en todas las direcciones, reaccionan de forma impulsiva comúnmente, son decididos y tienen una inteligencia sensorial de contacto en forma inmediata.

Las personas retraídas prefieren elegir bien a sus amigos, o si no prefieren estar solos. Parece como si les gustara la soledad. Además, se concentran constantemente y solo son activos en algunas direcciones.

Por otro lado, la persona con una personalidad retraída tiende a reflexionar antes de resolver algo, puesto que no confían en sus impresiones sensoriales, es decir, que no se dejan llevar por sus emociones.

Son idealistas, reemplazan la realidad por abstracciones y desconfían de sus propios sentidos y hasta de su razón.

Ahora bien, para nada veo que esta personalidad sea del todo mala, tiene sus ventajas y desventajas, tanto como el expansivo las tiene. Solo hay que saber aprovechar las ventajas, y saber cómo hacer para que las desventajas se conviertan en posibles ventajas.

El individuo expansivo

Se puede lograr ver a alguien que es un individuo expansivo, incluso por sus rasgos físicos según la morfopsicología.

En este caso, un individuo expansivo se dice que tiene características como una contextura gruesa, la piel coloreada y caliente.

Además, son individuos que tienen una forma de cara ancha y redonda, con la nariz respingada y la boca grande. También tienen los ojos grandes y expresivos. Sonríen con mayor facilidad y son muy sociables.

El individuo retraído

Este tipo de personas son de naturaleza delgada, todo lo contrario, a los individuos expansivos.

Además, tienen miembros cortos, son de baja estatura, tienen una piel seca, fría y pálida. Su rostro es más alargado y delgado, huesudo para ser más específica.

Son individuos que tienen la boca pequeña y la nariz

estrecha. Los ojos más hundidos casi nada expresivos. Y son personas muy poco comunicativas.

Suelen ser de muy pocas palabras, casi tienes que sacarle las palabras de la boca para que puedas escucharlos hablar. ¿Conoces a alguien así? Yo si. Mi novio es un ser súper introvertido.

El individuo expansivo-retraído

En el caso de las personas que tienen mucho de ambas personalidades, tanto expansiva como retraída, son un intermedio de los dos anteriores.

Es decir, tienen un poco de los dos, suelen tener el rostro más rectangular, los ojos grandes ligeramente hundidos. Pueden ser delgados o gordos, de estatura baja o estatura alta. Los rasgos de su rostro pueden ser variables, comparándolos con los rasgos de cada uno.

Por otro lado, es muy notable que son personas que se abren o se cierran según la situación que estés afrontando. Puede que en un momento decidan ser más abiertos y en otro mucho más cerrados.

Es decir, ellos mismos toman la decisión de hablar o callar frente a cada situación que viven.

En este sentido viendo que la morfopsicología es en

otras palabras, el conocimiento que se puede obtener del carácter de una persona, por los rasgos del rostro y hasta de la mano de ella.

Pues sí, esta pseudociencia también menciona la grafología, tema del cual quiero hablarte en el siguiente capítulo, que tiene mucho que ver con la mano de la persona. Es decir, con la forma que tiene de escribir con su mano, para ser más específica.

Por otro lado, antes quiero enfatizar que la morfopsicología se basa en el arte de observar. Puedes analizar a una persona observando, sus rasgos, actitudes, forma de ser, de vestir, de caminar, de hablar y mucho más. Todo lo que tienes que hacer es observar con mucha atención a la otra persona. Con eso ganarás mucho.

En conclusión, de este capítulo, viendo entonces que existen tres tipos de individuos, por así decirlo, el individuo expansivo, que es el mismo que el extrovertido. Por otra parte, está el individuo retraído, que es igual o lo mismo que el introvertido. Y están los últimos, que considero que en cierta forma ahí entramos todos los seres humanos, ellos son los individuos expansivos-retraídos.

Digo esto, por la razón de lo que dije anteriormente

acerca de nadie es del todo extrovertido, ni tampoco totalmente introvertido. Cada persona tiene de ambas características.

Sabiendo esto, ya puedes lograr diferenciar según el comportamiento de una persona, hacía que lado de la balanza se inclina más lo que esa persona demuestra ser.

Recuerda que no basta con solo escuchar las palabras de alguien, se necesitan ver sus hechos y si realmente estas interesado en aprender a analizar a las personas, una de las cosas fundamentales que tienes que hacer es comenzar a poner en acción técnicas como las que te he dado en este libro.

Por ahora, es momento de continuar avanzando hacia el siguiente capítulo de este libro mi querido amigo lector. El cuál es el último, sí, ya casi llegamos al final y de verdad espero que esta lectura este siendo y sea propia verdaderamente a tu vida.

Que puedas obtener el valor y el conocimiento que estabas buscando para saber cómo analizar a las personas. Así que, de verdad espero que hayas identificado con las 8 personalidades, que hayas aprendido lo que significan cada postura y mucho más.

6

LA GRAFOLOGÍA

*P*ara finalizar con este libro de técnicas para analizar a las personas, haré mención de la grafología, aunque esta palabra comprende el estudio de la escritura de las personas y tal vez sea algo que no podrá tomar del todo en cuenta, dado a que, no cuentas con los conocimientos de un profesional en esta materia.

Aun así, con lo que dejare aquí debajo vas a poder tener al menos la idea de lo que significa cada cosa que una persona puede transmitir a través de la forma de escribir que tiene.

La escritura es parte del lenguaje no verbal, con ella se puede expresar todo lo que se quiera, desde cualquier emoción hasta cualquier otra cosa que se quiera comunicar.

Por otro lado, hay mucha gente que dice que pueden expresarse mucho más y mejor cuando escriben, que cuando hablan. ¿Te ha pasado a ti?

Veamos qué significa la Grafología y su práctica

La grafología significa estudio de la escritura, este nombre fue al parecer dado por el Abad Michón en el año 1871. No obstante, se presume que desde mucho antes, en la antigüedad ya se observaba esta práctica.

Por otro lado, Lavater dice que "casi siempre hay una analogía admirable entre el lenguaje, la conducta y la escritura".

Al momento de hacer la examinación de un documento, la primera impresión general que se obtiene, corresponde mayormente al grado y a la forma de equilibrio que tiene el sujeto. En donde la inteligencia tiende a ocupar un espacio y la personalidad del individuo se muestra junto a su temperamento fisiológico, a sus dificultades y a la forma de ser que tiene el sujeto.

¿Que nos puede aportar la grafología?

Para el análisis de las personas como te has podido dar cuenta ya existen muchas técnicas con las cuales puedes aprender a analizar la personalidad de alguien y saber qué tipo de persona es, con ella puedes conocer el temperamento que tienen las personas y hasta llegar a ver si están mostrando una imagen de algo que no son en realidad.

Y la grafología no se queda atrás en estas técnicas para el análisis de las personas, de hecho, estas técnicas son utilizadas en la actualidad en España. No obstante, en Francia es donde su uso es aún mayor y se estima que entre el 50 y el 75 por ciento de las empresas en esos países las utilizan.

Por otro lado, en el año 1991, que es el año que data el último estudio que fue realizado independiente, arrojando que el 90 por ciento de las empresas en Francia, utilizaban en forma directa o indirecta la información que era proporcionada por la escritura de las personas.

De allí, su importancia y el por qué se debería tomar en cuenta para el análisis de las personas, incluso en la actualidad, de manera que si tiene un aporte importante la grafología en el camino para conocer a otras personas.

A continuación, estos son los tres géneros gráficos base: La presión, el ritmo y el movimiento. Voy a desglosar cada uno de ellos para que sepas lo que significan.

La presión en la escritura

La presión en la escritura es por donde se expresa el grado de poder virtual que tiene la persona, su energía y su vitalidad. Además de eso, la sensualidad y una necesidad de gozar con sus sentidos.

En el caso de cuando la escritura es espesa, rica y ligera, tiene la capacidad de expresar el poder del sujeto. Sin embargo, en el caso de los trazos firmes y blandos, es expresada la energía que hay en la persona y en los trazos nítidos y pastosos, se expresa la sensualidad que tiene.

El ritmo en la escritura

El ritmo en la escritura tiene mucho que ver con la forma de vivir la vida que tiene o lleva una persona.

La escritura que es brusca: En este caso, esta corresponde a las personas que son emocionales y que suelen dejarse llevar por su propio entusiasmo.

Además, tienen permeabilidad ante el mundo exterior y en los momentos de intensa actividad en la escritura, tienden a ser seguidos por descansos, lo que corresponde al tipo de personas que son nerviosos.

La escritura agitada: En esta no se llega hasta el agotamiento, en cierto modo, las influencias externas son perturbadoras y de mucha importancia. Este tipo de escritura se presenta o se muestra en aquellos individuos que viven preocupados por el medio ambiente, por el cambio, por la soledad, y son un tanto entusiastas. Por otro lado, son un tipo de personas dinámicas y con una gran capacidad para el trabajo. Además, son de temperamento colérico.

La escritura negligente: Este tipo de escritura la tienen personas que tienen falta de energía, y que presentan la falta de reacción a ciertos estímulos externos. Lo que quiere decir que, a la persona le falta vitalidad y comúnmente trabaja lentamente. En casos, deja que el trabajo lo hagan si es posible los demás, o lo realiza sin ningún apresuramiento, o como pueda. Son personas del tipo amorfo que no se pueden definir.

La escritura precipitada: En este tipo de escritura la persona muestra un cierto impedimento de su eficiencia en hacer las cosas.

La escritura acompasada: En este caso, esta escritura pertenece a personas que son objetivas, lúcidas y eficaces, que suelen ser de rápidas reacciones, pero que se muestran tranquilas ante las dificultades. Son personas que conservan la sangre fría, se pueden mantener en un estado de calma. Además, son personas de fácil adaptabilidad, tanto ante otras personas como ante las cosas también. Son sujetos de temperamento sanguíneo.

La escritura ponderada: Es tipo de escritura simboliza a personas que son más reflexivas que las nombradas anteriormente, son personas lúcidas, muy eficaces y objetivas. Estas personas necesitan tomar previsiones antes de pasar a la acción. Son individuos con un temperamento flemático y son más lentos en cuanto a sus acciones.

El Movimiento en la escritura

En este sentido de la escritura, su relación que tiene con el movimiento se expresa en cierto modo con la relación que tiene el individuo con el mundo exterior, ya que el movimiento tiene la facultad de poder expresar la forma en cómo se dirige la persona hacia los demás y de que comportamiento tiene.

El movimiento de la escritura se caracteriza en 6 aspectos o nombres:

1. *La escritura aplanada:* Este tipo de escritura es presentada con mucha frecuencia en los jóvenes, representando no una necesidad de huir de los demás, sino de huir de sí mismo.

2. *La inclinación de la escritura:* En el caso de que la escritura tenga una inclinación de sesenta grados es una característica que se presenta con mucha frecuencia en las personas que tienen tendencia o que son celosas, además, que son abiertas a los demás. Pero, sin embargo, que son personas que necesitan poseer de algún modo y hasta excesivo.

3. *La escritura recta o vertical:* Esta denota la necesidad de tener un control de la expresión de los sentimientos a través de la razón. Este tipo de movimiento de la escritura, es una típica escritura de personas cerebrales.

4. *La escritura invertida:* En el caso de esta, la escritura invertida denota graves problemas psicológicos en el plano de los sentimientos, y no es una interpretación que se aplica a los zurdos.

5. *La dimensión de la escritura:* Este movimiento muestra en el plano intelectual, el deseo de tener confianza en lo que sería un primer sentimiento.

6. *La escritura pequeña:* Muchas personas la tienen, y esta expresa la modestia, timidez, el hermetismo, y la necesidad de reflexión.

Ahora bien, la proporción de las letras escritas corresponde a personas que son poco excitables. De otro modo, si hay desproporción se supone que la persona esta perturbada. Por otro lado, la proporción o desproporción de la escritura expresa la emotividad del sentimiento.

En el caso de la escritura desproporcionada, esta manifiesta una emotividad que puede dominar al sentimiento, es decir, se puede ver en personas con impulsos instintivos.

Por otro lado, cabe decir que, en la escritura, la impulsividad de la persona puede dar lugar a los movimientos espontáneos. Pulver alude, que todo movimiento que es espontáneo hacia la derecha, puede ser representativo de cierta impulsividad natural que a la vez concuerda con el deseo de comunicarse con los demás.

El estudio o el análisis de la escritura realizado por los grafólogos, se lleva a cabo con la intención de conocer ciertos aspectos de la personalidad que el sujeto que es analizado no quiere mostrar. Tal vez porque no le conviene hacerlo, o no es consciente de esos aspectos, o porque simplemente le parecen irrelevantes.

Además de eso, el análisis grafológico también es usado para hacer un contraste con la información obtenida por medio de otras técnicas, como, por ejemplo, auto informes, o alguna entrevista personal.

CONCLUSIÓN

Ahora si hemos llegado al final de este recorrido, espero que todas las técnicas expuestas en este libro te sean de mucha ayuda para aprender acerca del análisis de las personas.

Úsalas para conocer el tipo de personalidad que una persona tiene, puedes incluso hacer prácticas, pero con mucha sutilidad. Pues, pienso que si alguien se da cuenta que está siendo analizada es probable que se sienta incomoda y hasta quiera salir huyendo de tu vista.

Por eso, ten cuidado y usa estas técnicas en una forma discreta, como ya has podido ver en este libro el médico psiquiatra, psicólogo y ensayista Carl Jung, hizo la definición de lo que son 8 tipos de personalidades, en las que podemos ver que todos somos diferentes.

Incluso si es verdad que podemos tener la misma personalidad que otras personas, pero, sin embargo, siempre habrá algo que nos haga diferentes, que marque la diferencia. Por eso somos personas únicas. Las únicas personas que no lo son, son aquellas que no quieren serlo y que tratan de vivir imitando a otros. Y, aun así, siguen siendo únicos internamente.

Pero sí, es cierto que todos tenemos un patrón parecido por así decirlo, en todo caso, descubre ayudándote con estas técnicas la personalidad de la persona que tienes en frente.

Por otro lado, está el lenguaje no verbal, también conocido como lenguaje corporal, el cual tiene un alto impacto en la comunicación sin necesidad de pronunciar ni una sola palabra. De manera que, todo lo que necesitas hacer es prestar atención a los gestos y las posturas de la persona, además, poner mucha atención en esas microexpresiones que son fugaces y muy veloces.

Para las cuales necesitas poner demasiada atención, pues ellas pueden brindarte información de gran importancia sobre la persona que las emite. Es decir, aunque esa persona intentase esconder lo que es, sus microexpresiones, las expresiones corporales, los gestos y posturas y hasta la escritura pueden descubrir su verdadera personalidad.

Por lo tanto, procura hacer el análisis de otros con estas técnicas y fíjate que tal te va, no olvides las 6 emociones básicas de las que hable, cada cosa, cada componente es importante para realizar un análisis correcto que en verdad generen un buen resultado.

Me alegra mucho que hayas llegado hasta acá y espero que este libro haya aportado mucho valor y conocimiento a tu vida. Sigue investigando, aún hay mucha tela que cortar con respecto a estos temas.